# ALLES AUF 1 BLECH

MOLLY SHUSTER

# ALLES AUF 1 BLECH

CLEVER IM OFEN GEGART

Fotografiert von Lauren Volo

at VERLAG

# INHALT

23 X 33 X 6,5 CM

Endlich ist es ganz einfach, selbst nach einem langen Arbeitstag eine warme Mahlzeit auf den Tisch zu bringen. Und zwar ohne Hektik und ohne großen Aufwand. Dieses Buch wird Ihnen das Leben erleichtern.

Mit nur einer Auflaufform oder einem Blech und einem Backofen lassen sich zahlreiche einfache und köstliche Gerichte zubereiten, die im Handumdrehen fertig sind – ohne weiteres Kochgeschirr und dadurch auch mit wenig Abwasch. Je nachdem, wie viel Zeit Sie zur Verfügung haben, wählen Sie einfache Gerichte, die in ein paar Minuten fertig sind, oder Gerichte zum Braten und Schmoren, die im Nu vorbereitet sind und dann ein paar Stunden gemütlich im Backofen schmoren.

Sämtliche Rezepte benötigen nur wenige Zutaten, und Sie brauchen den Backofen auch nicht die ganze Zeit im Auge zu behalten.

Es sind ideale einfache, köstliche Gerichte für die Familie und für unkomplizierte Essen mit Freunden.

## WENIG AUFWAND!

Sie brauchen nur drei verschieden große Ofenformen: ein 43 x 35 cm großes Backblech zum Braten und Grillen, eine etwa 40 x 30 cm große Bratform (Bräter) und eine etwa 30 x 23 cm große, circa 6 cm hohe Ofen- oder Auflaufform zum Braten und Schmoren. Diese Größenangaben dienen nur als Anhaltspunkt, sie können je nach Hersteller leicht variieren.

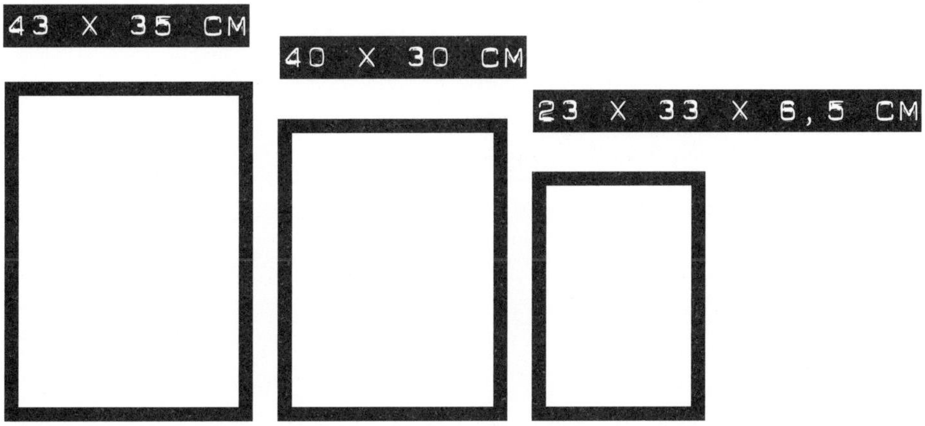

# DAS VORGEHEN

## 1 HAUPTZUTAT

Es gibt zahlreiche Lebensmittel, die im Backofen zubereitet werden können. Wählen Sie die Hauptzutat aus, auf die Sie das Rezept aufbauen, wie Fleisch, Hülsenfrüchte oder Gemüse.

## 2 METHODE

Wählen Sie die zum Gericht passende Garmethode, ob Braten, Schmoren oder Grillen. Daraus ergibt sich dann die benötigte Bratform und Garzeit.

## 3 BRATFORM

Wenn Sie sich für eine Garmethode entschieden haben, wählen Sie das passende Kochgeschirr. Zum Braten brauchen Sie eine große Form oder ein Blech, zum Schmoren eine Auflaufform, die auch die Flüssigkeit aufnimmt, und zum Grillen ein Backblech.

## 4 FETT ODER KOCHFLÜSSIGKEIT

Zum Braten, Schmoren oder Grillen braucht man für ein perfektes Resultat meist etwas Fett (z. B. Olivenöl, Schmalz) oder Flüssigkeit (z. B. Brühe) oder aber Lebensmittel, die viel Wasser enthalten, wie beispielsweise Tomaten aus der Dose.

## 5 GRUNDWÜRZE

Zutaten wie Knoblauch, Schalotten und Zwiebeln dienen als grundlegende Würze. Wählen Sie ein oder zwei aus, um Ihren Gerichten einen vollen, runden Geschmack zu verleihen.

## 6 GEMÜSE

Auch Gemüse verleihen Geschmack und Textur. Wählen Sie Gemüsesorten, die entsprechend schnell gar sind, zum Grillen beispielsweise Spargel oder grüne Bohnen. Zum Braten oder Schmoren eignen sich auch sättigendere Gemüse wie Fenchel, Karotten oder Pastinaken.

## 7 KRÄUTER UND GEWÜRZE

Frische Kräuter und getrocknete Gewürze, allein oder in Kombination verwendet, geben dem Gericht auf einfache und gesunde Art Geschmack und Charakter.

## 8 GARZEIT

Egal ob schnelles Garen unter dem Backofengrill oder langsames Braten oder Schmoren, wichtig ist in jedem Fall, die genauen Garzeiten zu beachten. Sie sollten daher wissen, wie Ihr Backofen funktioniert und wie heiß die unterschiedlichen Temperatureinstellungen tatsächlich sind.

## 9 FERTIGSTELLEN

Schmecken Sie das Essen vor dem Servieren ab. Einen besonderen Touch verleihen beispielsweise frische Kräuter, Zitronensaft oder Fleur de Sel.

## 10 FÜR EINE GROSSE RUNDE

Ergänzen Sie das Gericht durch eine Sauce und/oder eine Beilage. Beilagen wie Polenta, Dinkel oder Kartoffelpüree sind sättigend und gut geeignet für eine größere Anzahl Esser. Einfache Saucen wie Chimichurri oder Aïoli geben Gegrilltem oder einem einfachen Braten das gewisse Etwas.

## AÏOLI

FÜR 4 PERSONEN

2 Knoblauchzehen, gepresst
2 TL Zitronensaft
1 Eigelb
4 EL Traubenkern- oder Rapsöl
4 EL Olivenöl
gemischte frisch gehackte Kräuter (Petersilie, Schnittlauch, Kerbel, Estragon usw.)
Meersalz, schwarzer Pfeffer aus der Mühle

Den Knoblauch mit Zitronensaft und Eigelb in einer kleinen Schüssel verquirlen. Die beiden Öle in dünnem Strahl unter kräftigem Rühren untermischen. Zuletzt nach Belieben Kräuter hinzufügen.
Aïoli wird bei Raumtemperatur oder gekühlt serviert.

## CHIMICHURRI-SAUCE

FÜR 6–8 PERSONEN

35 g Petersilienblätter
35 g Korianderblätter
1 Schalotte, klein gewürfelt
2 Knoblauchzehen, gehackt
Saft von ½ Zitrone
2 EL Weinessig
1 Prise Chiliflocken, nach Belieben
125 ml Olivenöl
Meersalz, schwarzer Pfeffer aus der Mühle

Petersilie und Koriander sehr fein hacken. Mit allen anderen Zutaten, außer dem Olivenöl, vermischen. Das Olivenöl in dünnem Strahl einlaufen lassen und mit dem Schneebesen unterrühren. Die Sauce mit Salz und Pfeffer würzen. 30 Minuten ruhen lassen, damit sich die Aromen entfalten.
Luftdicht verschlossen hält sich die Sauce im Kühlschrank 2–3 Tage. Bei Raumtemperatur servieren.

## KAPERN-ZITRONEN-SAUCE

FÜR 4 PERSONEN

**5 EL Olivenöl**
**1 Schalotte, klein gewürfelt**
**1 Knoblauchzehe, gehackt**
**1–2 Sardellenfilets, fein gehackt**
**2 EL Kapern, gehackt**
**3–4 EL Zitronensaft, frisch gepresst**
**Pfeffer aus der Mühle**

3 Esslöffel Olivenöl auf mittlerer Hitze erwärmen. Schalotte und Knoblauch darin glasig dünsten; sie sollen nicht braun werden. Die Sardellenfilets hinzufügen und 1 Minute mit erhitzen. Kapern und Zitronensaft untermischen. 2–3 Minuten leicht einkochen lassen. Dann das restliche Olivenöl hinzugießen und mit Pfeffer würzen. Die Sauce heiß servieren.

## SENFSAUCE

FÜR 4 PERSONEN

**2 Esslöffel Olivenöl**
**2 Schalotten, fein gehackt**
**3–4 EL trockener Weißwein**
**1½ EL Dijonsenf**
**1 EL körniger Senf**
**75 g Crème fraîche**
**Meersalz, schwarzer Pfeffer aus der Mühle**

Das Olivenöl in einem kleinen Topf auf mittlerer Hitze erwärmen. Die Schalotten darin weich und glasig dünsten; sie sollen aber nicht braun werden. Den Weißwein hinzugießen und fast vollständig verdampfen lassen. Beide Senfsorten und die Crème fraîche hinzufügen und 2 Minuten kochen lassen, bis die Sauce leicht eingedickt. Salzen und pfeffern. Heiß servieren.

# FLEISCH & GEFLÜGEL

## HUHN MIT SPECK

FÜR 4 PERSONEN

325 g kleine Kartoffeln (Frühkartoffeln), gewaschen, der Länge nach halbiert
4 Schalotten, geschält, große halbiert (ca. 200 g)
1 Zweig Rosmarin, fein gehackt
100 g Speckwürfel
4 Hähnchenoberkeulen mit Knochen und Haut (ca. 650 g)
2 TL Olivenöl
Meersalz, schwarzer Pfeffer aus der Mühle

Den Backofen auf 200 Grad vorheizen. Alle Zutaten miteinander vermischen. Alle Zutaten, außer den Hähnchenstücken, in einer Lage auf einem Backblech auslegen. Salzen und pfeffern. 25 Minuten im Backofen garen.
Das Hähnchenfleisch würzen, auf das Backblech legen und 25–30 Minuten mitbraten, bis sie durchgegart und die Kartoffeln goldbraun und gar sind.

# HUHN MIT KRÄUTERN DER PROVENCE

FÜR 4 PERSONEN

**4 Karotten, geschält, in 6–8 cm lange Stücke geschnitten (dicke Stücke zusätzlich längs halbiert)**
**3 Pastinaken, geschält, in 6–8 cm lange Stücke geschnitten (dicke Stücke zusätzlich längs halbiert)**
**2 rote Zwiebeln, in große Spalten geschnitten**
**3 EL Olivenöl**
**1 großes Huhn (ca. 1,8 kg), küchenfertig**
**1 EL Kräuter der Provence**
**Meersalz, schwarzer Pfeffer aus der Mühle**

Den Backofen auf 200 Grad vorheizen. In einer großen Auflaufform das Gemüse mit der Hälfte des Olivenöls vermischen. Das Gemüse an den Rand der Form schieben und das Huhn in die Mitte hineinsetzen. Das restliche Olivenöl darüberträufeln. Alles mit den getrockneten Kräutern bestreuen, salzen und pfeffern. Im Backofen etwa 1¼ Stunden braten, bis das Huhn gar und das Gemüse zart ist.

## HUHN MAROKKANISCH

FÜR 4 PERSONEN

1 Huhn, in Stücke geteilt
1 Zwiebel, in 1 cm dicke Spalten geschnitten
2 TL gemahlener Kreuzkümmel
2 TL gemahlener Koriander
2 EL Olivenöl
Meersalz, schwarzer Pfeffer aus der Mühle
1 eingelegte Salzzitrone, nur die Schale sehr fein gehackt (das Fruchtfleisch wegwerfen)
100 g grüne Oliven, entsteint, gehackt

Den Backofen auf 190 Grad vorheizen. Die Hühnerfleischstücke direkt auf einem Backblech mit Zwiebel, Kreuzkümmel, Koriander und Olivenöl vermischen. Alle Zutaten in einer Schicht auf dem Blech verteilen. Salzen und pfeffern. Im Backofen etwa 35 Minuten braten, bis das Fleisch goldbraun und gar ist. Die Zitronenschale mit den Oliven vermischen. Vor dem Servieren über das Hühnerfleisch verteilen.

# HUHN ALLA PUTTANESCA

FÜR 2 PERSONEN

**800 g gehackte Tomaten aus der Dose**
**65 g Kalamata-Oliven, grob gehackt**
**3 Knoblauchzehen, fein gehackt**
**2 EL Kapern, abgespült, abgetropft**
**½ Zwiebel, gehackt**
**4 EL Olivenöl**
**Meersalz, schwarzer Pfeffer aus der Mühle**
**450 g Hühnerbrustfilet, in Streifen geschnitten**
**85 g Spinatblätter**

Den Backofen auf 175 Grad vorheizen. In einer großen Auflaufform Tomaten, Oliven, Knoblauch, Kapern, Zwiebel und Olivenöl vermischen. Salzen und pfeffern. Im Backofen 35 Minuten schmoren. Dann das Hühnerfleisch hinzufügen, alles gut umrühren und noch 10 Minuten garen. Die Spinatblätter hinzufügen und 2–3 Minuten zusammenfallen lassen. Vor dem Servieren abschmecken.

## HÜHNERSPIESSE

FÜR 2 PERSONEN

75 ml salzarme Sojasauce oder Tamari
2 EL geröstetes Sesamöl
4 Frühlingszwiebeln, in Ringe geschnitten
2 Knoblauchzehen, fein gehackt
1 EL Ingwer, frisch gerieben
450 g Hühnerbrustfilet ohne Haut, in 2–3 cm lange Streifen geschnitten
4 Spieße (Holzspieße 30 Minuten in Wasser einweichen)
600 g Mini-Pak-Choi, der Länge nach halbiert (ca. 4–6 Stück)

Die Sojasauce mit Sesamöl, Frühlingszwiebeln, Knoblauch und Ingwer vermischen. Ein Drittel davon in einer kleinen Schüssel beiseitestellen. Das Hühnerfleisch in der restlichen Sojasaucenmischung bei Raumtemperatur zugedeckt 30 Minuten marinieren. Den Backofen auf 175 Grad vorheizen. Die Fleischstreifen auf die Spieße stecken und auf ein Backblech legen. Den Pak Choi danebenlegen und mit der restlichen Sojasauce übergießen. Im Ofen 12–15 Minuten braten, bis das Fleisch gar und der Pak Choi weich ist. Nach Wunsch zuletzt kurz unter dem Grill leicht anbräunen.

# GEGRILLTE ENTE MIT ÄPFELN UND ZWIEBELN

FÜR 2 PERSONEN

**350 g Äpfel**
**250 g Cippolini-Zwiebeln (kleine, flache Zwiebelsorte), geschält**
**2 TL Olivenöl**
**Meersalz, schwarzer Pfeffer aus der Mühle**
**2 Entenfilets, Haut fein eingeschnitten**

Den Backofen auf 200 Grad vorheizen. Die Äpfel und Zwiebeln mit dem Olivenöl einreiben, salzen und pfeffern. Auf ein Backblech legen und im Backofen 20 Minuten braten. Die Zwiebeln wenden und nochmals 10 Minuten braten, bis Äpfel und Zwiebeln weich sind. Alles auf einen Teller geben und abgedeckt warm halten. Das Backblech etwa 16 Zentimeter unter dem Backofengrill einschieben und den Grill erhitzen. Die Entenfilets gut salzen und pfeffern, auf das heiße Blech legen und etwa 5 Minuten grillen, bis die Haut knusprig und das Fleisch blutig bis rosa ist. Vorsicht beim Herausnehmen des Blechs: Das Fett spritzt. Die Entenfilets wenden und im 175 Grad heißen Backofen nach Wunsch weitere 3–5 Minuten bis zum gewünschten Gargrad fertig braten. Zusammen mit den Äpfeln und Zwiebeln servieren.

# MERGUEZ MIT ROTEN ZWIEBELN UND PASTINAKEN

FÜR 2 PERSONEN

2 Merguez-Würste
3 Pastinaken, geschält, in 8 cm lange Stücke geschnitten, dickere Stücke zusätzlich längs halbiert
2 rote Zwiebeln, in dicke Spalten geschnitten
2 EL Olivenöl
Salz, Pfeffer aus der Mühle

Den Backofen auf 200 Grad vorheizen. Alle Zutaten auf einem Backblech vermischen. Salzen und pfeffern. Im Backofen 20 Minuten braten. Die Merguez und das Gemüse wenden. Weitere 15–20 Minuten braten, bis die Würste gebräunt sind und das Gemüse zart und goldgelb ist.

# CHORIZO MIT WEISSEN BOHNEN

FÜR 4 PERSONEN

630 g weiße Bohnen, gekocht (300 g getrocknete Bohnen)
180 g Chorizo, in 1 cm dicke Scheiben geschnitten
500 g gehackte Tomaten (ca. 3 mittelgroße Tomaten)
475 ml Geflügelbrühe
1 Zwiebel, fein gehackt
2 Knoblauchzehen, gehackt
2 Zweige Thymian
Meersalz, Pfeffer aus der Mühle
Olivenöl zum Servieren, nach Belieben

Den Backofen auf 175 Grad vorheizen. Alle Zutaten in eine große Auflaufform geben und vermischen. Mit Alufolie abgedeckt im Backofen 1¾ Stunden schmoren. Dann die Alufolie entfernen und weitere 30 Minuten schmoren, damit alles leicht eindickt. Salzen und pfeffern. Vor dem Servieren nach Wunsch mit etwas Olivenöl beträufeln.

# OCHSENSCHWANZ IN WEINSAUCE

FÜR 4 PERSONEN

1,8 kg Ochsenschwanz, in Stücke geschnitten
Meersalz, Pfeffer aus der Mühle
550 ml Rotwein
400 g Karotten, geschält, in 5 cm große Stücke geschnitten
400 g gehackte Tomaten aus der Dose
1 Zwiebel, gehackt
einige Zweige Rosmarin
einige Zweige Thymian

Den Backofen auf 230 Grad vorheizen. Die Ochsenschwanzstücke in eine große Auflaufform geben. Salzen und pfeffern. Im Backofen 10 Minuten rösten, dann die Fleischstücke wenden und weitere 10 Minuten rösten. Die Ofentemperatur auf 165 Grad zurückschalten. Die restlichen Zutaten hinzufügen und vermischen. Mit Alufolie abdecken und im Backofen 3 Stunden schmoren lassen. Das Fleisch soll zart sein und sich leicht vom Knochen lösen. Falls es noch nicht weich genug ist, abgedeckt weitere 30 Minuten schmoren lassen. Das Fleisch mithilfe einer Gabel vom Knochen lösen, gröbere Fettstücke entfernen. Abschmecken und sofort servieren oder bei Raumtemperatur abkühlen lassen und dann kühl stellen. Am folgenden Tag die festgewordene Fettschicht von der Oberfläche entfernen und alles wieder erwärmen.

# STEAK IN SOJAMARINADE

FÜR 2 PERSONEN

75 ml salzarme Sojasauce oder Tamari
2 EL Fischsauce
2 EL geröstetes Sesamöl
5 Frühlingszwiebeln, in Ringe geschnitten
2 Knoblauchzehen, fein gehackt
1 Steak aus der Querrippe, in der Mitte halbiert (ca. 500 g)
400 g chinesischer Brokkoli (oder Brokkoliröschen, in 1½ cm dicke Scheiben geschnitten)

Sojasauce, Fischsauce, Sesamöl, Frühlingszwiebeln und Knoblauch vermischen. Ein Drittel der Sojasaucenmischung in einer kleinen Schüssel beiseitestellen. Das Fleisch in der restlichen Sauce einlegen und zugedeckt bei Raumtemperatur 30 Minuten marinieren. Das Fleisch auf ein Backblech legen. Den Brokkoli danebenlegen und mit der restlichen Sojasaucenmischung übergießen. Beides ungefähr 12 cm unter dem Backofengrill einschieben und etwa 6 Minuten grillen, bis das Fleisch rosa gebraten ist. Zum Servieren fein aufschneiden.

# RINDERFILET MIT PILZEN

FÜR 2 PERSONEN

2 Rinderfiletsteaks, 6 cm dick (insgesamt 540 g)
225 g Wildpilzmischung, geputzt, falls nötig in 6–8 cm große Stücke geschnitten
200 g kleine Brokkoliröschen
3 Schalotten, in feine Spalten geschnitten
2 Zweige Thymian
2 EL Olivenöl
Meersalz, Pfeffer aus der Mühle
1 kleine Handvoll Schnittlauch, fein gehackt

Den Backofen auf 220 Grad vorheizen. Die Steaks in die Mitte eines Backblechs legen. Pilze, Brokkoliröschen, Schalotten und Thymian mit Olivenöl vermischen. Um die Steaks herum verteilen. Salzen und pfeffern. Für rosa gebratenes Fleisch 15–20 Minuten im Backofen braten. Die Steaks vor dem Servieren 5 Minuten ruhen lassen. Mit Schnittlauch bestreut servieren.

# GESCHMORTE SHORT RIBS MIT WEISSEN BOHNEN

FÜR 4 PERSONEN

800 g Short Ribs (Spann- oder Querrippe vom Rind)
Meersalz, schwarzer Pfeffer aus der Mühle
800 g gehackte Tomaten aus der Dose
5 Karotten, geschält, in 6–8 cm große Stücke geschnitten, dicke Stücke zusätzlich längs halbiert
1 Zwiebel, in Stücke geschnitten
4 Knoblauchzehen, gehackt
1 Zweig Rosmarin, Nadeln sehr fein gehackt
325 g gekochte weiße Bohnen (140 g getrocknete Bohnen)

Den Backofen auf 230 Grad vorheizen. Die Fleischstücke in eine große Auflaufform geben, salzen und pfeffern. Im Backofen 10 Minuten anbraten, wenden und weitere 10 Minuten braten. Die Ofentemperatur auf 165 Grad reduzieren. Tomaten, Karotten, Zwiebel, Knoblauch und Rosmarin hinzufügen. Mit Alufolie abdecken und 3 Stunden im Backofen schmoren. Die Bohnen hinzufügen, wieder abdecken und weitere 30 Minuten schmoren lassen. Mithilfe einer Gabel das Fleisch vom Knochen lösen. Nochmals salzen und pfeffern.

## RINDERKOTELETT

FÜR 2 PERSONEN

1 Rinderkotelett, 1½ cm dick (vor der Zubereitung 1–2 Stunden Raumtemperatur annehmen lassen)
2 EL schwarze Pfefferkörner, zerstoßen
Meersalz, schwarzer Pfeffer aus der Mühle
1 Bund Broccolini (Spargelbrokkoli), Stielende weggeschnitten
2 TL Olivenöl

Den Backofengrill vorheizen. Das Rinderkotelett auf beiden Seiten mit dem zerstoßenen schwarzen Pfeffer einreiben und großzügig salzen. Das Fleisch auf ein Backblech legen und etwa 12 cm unter dem Backofengrill einschieben. 5 Minuten grillen, dann das Fleisch wenden. Das Gemüse hinzufügen, mit Olivenöl beträufeln, salzen und pfeffern. Weitere 5 Minuten grillen, dann aus dem Backofen nehmen. Das Gemüse auf einem Teller zugedeckt warm halten. Die Ofentemperatur auf 175 Grad (ohne Grillfunktion) einstellen und das Rinderkotelett weitere 10–12 Minuten braten, bis es rosa gegart ist. Vor dem Aufschneiden 5 Minuten ruhen lassen.

# GEGRILLTES SCHWEINE-KOTELETT

FÜR 2 PERSONEN

2 Schweinekoteletts (aus dem Filet), 2½–3 cm dick, Knochenenden freigelegt
einige Thymianzweige
1 TL Fenchelkörner, zerdrückt
1 TL Korianderkörner, zerdrückt
1 TL Kreuzkümmelsamen, zerdrückt
1 kleines Bund Spargel (ca. 400 g), geputzt
1 EL Olivenöl
Meersalz, Pfeffer aus der Mühle

Den Backofengrill vorheizen. Die Schweinekoteletts auf ein Backblech legen. Die abgezupften Thymianblättchen mit den anderen Gewürzen vermischen. Die Schweinekoteletts auf beiden Seiten mit der Gewürzmischung einreiben. Die Spargel in einer Schicht daneben aufs Blech legen. Alles mit Olivenöl beträufeln. Gut salzen und pfeffern. Das Blech etwa 12 cm unter dem Backofengrill einschieben und Spargel sowie Fleisch auf jeder Seite 5 Minuten grillen, bis die Koteletts gut durchgebraten und die Spargel zart und gebräunt sind.

# SCHWEINEFILET MIT ROSENKOHL

FÜR 2 PERSONEN

1 Schweinefilet (ca. 450 g)
1 Zweig Rosmarin, Nadeln fein gehackt
1 EL körniger Senf
1 TL Olivenöl
Meersalz, Pfeffer aus der Mühle
225 g Rosenkohl, geputzt, große Röschen halbiert
4 kleine Schalotten, längs halbiert
2 EL Olivenöl

Den Backofen auf 220 Grad vorheizen. Das Fleisch mit Rosmarin und Senf einreiben und auf ein Backblech legen. Mit 1 Teelöffel Olivenöl beträufeln, salzen und pfeffern. Den Rosenkohl und die Schalotten mit 2 Esslöffeln Olivenöl vermischen. Rund um das Schweinefilet verteilen. Im Backofen 30–35 Minuten braten, bis das Fleisch gut durchgegart ist.

# GESCHMORTE SCHWEINE-SCHULTER

FÜR 6 PERSONEN

1 Schweineschulter mit Knochen, 3–3½ kg (vor dem Braten 1–2 Stunden Raumtemperatur annehmen lassen)
Meersalz, Pfeffer aus der Mühle
1 Zweig Rosmarin, die Hälfte der Nadeln gehackt, der Rest beiseitegelegt
1 Bund Salbei, die Hälfte der Blätter gehackt, der Rest beiseitegelegt
3 Knoblauchzehen, in Scheiben geschnitten
650 g Pastinaken, geschält, in 6–8 cm große Stücke geschnitten, dicke Stücke eventuell zusätzlich längs halbiert
500 g Äpfel (ca. 8 Stück)
2 Zwiebeln, in große Stücke geschnitten

Den Backofen auf 220 Grad vorheizen. Die Haut des Schweinefleischs mit einem scharfen Messer gitterförmig fein einschneiden. Rund herum und in den Einschnitten gut salzen und pfeffern. Das Fleisch mit den Kräutern und dem Knoblauch einreiben. In eine große Bratform legen und im Ofen 30 Minuten braten. Dann die Temperatur auf 165 Grad zurückschalten. Die Form mit Alufolie dicht verschließen und das Fleisch im Backofen 4 Stunden schmoren. Die Alufolie entfernen, Gemüse, Äpfel und die restlichen Kräuterzweige hinzufügen und mit dem Bratensaft vermischen. Ohne Alufolie nochmals etwa 75 Minuten braten, bis das Gemüse goldbraun und das Fleisch zart ist. Vor dem Servieren 5–10 Minuten ruhen lassen.

# GESCHMORTE LAMMKEULEN

FÜR 4 PERSONEN

3 Lamm-Unterkeulen (Lammstelzen, insgesamt ca. 1 kg)
Meersalz, Pfeffer aus der Mühle
800 g gehackte Tomaten aus der Dose
250 g Karotten, geschält, in 6–8 cm große Stücke geschnitten, dicke Stücke zusätzlich längs halbiert
1 Zwiebel, in Scheiben geschnitten
3 Knoblauchzehen, gehackt
1 Zweig Rosmarin, Nadeln gehackt
250 ml Wasser
100 g Perlweizen

Den Backofen auf 230 Grad vorheizen. Die Lammkeulen salzen und pfeffern und in eine große Auflaufform legen. Im Backofen 10 Minuten braten, wenden und weitere 10 Minuten braten. Die restlichen Zutaten, außer dem Perlweizen, hinzufügen, alles vermischen und die Form mit Alufolie abdecken. Die Ofentemperatur auf 160 Grad zurückschalten und alles 2½ Stunden schmoren. Nach der Hälfte der Zeit das Fleisch wenden. Den Perlweizen hinzufügen und weitere 30 Minuten schmoren lassen, bis der Perlweizen gar und das Fleisch zart ist; es sollte sich ganz leicht vom Knochen lösen lassen. Das Fleisch von den Knochen lösen und alles nochmals mit Salz und Pfeffer abschmecken.

## GESCHMORTE LAMMSCHULTER

FÜR 4–6 PERSONEN

1 Lammschulter mit Knochen, ca. 3 kg (vor dem Schmoren 1–2 Stunden Raumtemperatur annehmen lassen)
2 EL Olivenöl
Saft von 1 Zitrone
2 EL Meersalz
2 EL Fenchelsamen, zerstoßen
2 TL Korianderkörner, zerstoßen
1 TL getrocknete Chiliflocken, zerbröselt
Pfeffer aus der Mühle
2 Fenchelknollen, geviertelt, Strunk entfernt, in Spalten geschnitten
2 rote Zwiebeln, in große Stücke geschnitten

Den Backofen auf 165 Grad vorheizen. Das Fleisch in eine große Bratform legen, mit Olivenöl und Zitronensaft übergießen. Das Meersalz mit den Gewürzen vermischen. Das Fleisch auf allen Seiten mit der Gewürzmischung einreiben und pfeffern. Mit Alufolie abgedeckt im Backofen 3 Stunden schmoren. Falls nötig 50 ml Wasser hinzufügen. Nach 3 Stunden den Fenchel und die Zwiebeln dazugeben. Wieder zudecken und 1½ Stunden weiter schmoren, bis das Gemüse gar und das Fleisch zart ist. Die Bratform herausnehmen und den Backofengrill einschalten. Die Bratform etwa 15 cm unter dem Grill einschieben und das Fleisch 5 Minuten goldbraun grillen. Aus dem Backofen nehmen und locker mit Alufolie abgedeckt vor dem Servieren 10 Minuten ruhen lassen.

# FISCH & MEERESFRÜCHTE

# PANZANELLA MIT GARNELEN

FÜR 2 PERSONEN

200 g altbackenes Brot, in mundgerechte Stücke zerteilt
12 mittelgroße Garnelen, geschält, ohne Darm
1 EL Olivenöl
Meersalz, Pfeffer aus der Mühle
250 g Kirschtomaten, halbiert
3 EL Balsamicoessig
1 Knoblauchzehe, in Scheiben geschnitten
1 kleines Bund Basilikum, grob geschnitten
1 kleines Bund Petersilie, grob gehackt
3–4 EL plus 1 EL Olivenöl extra

Den Backofen auf 175 Grad vorheizen. Die Brotstücke in einer Schicht auf einem Backblech verteilen und im Ofen 10 Minuten backen. Die Brotstücke wenden und auf eine Seite des Blechs schieben, sodass ein Drittel des Blechs frei wird. Die Garnelen mit 1 Esslöffel Olivenöl vermischen und auf das Blech geben. Salzen und pfeffern. Im Backofen 5–7 Minuten braten, bis die Garnelen gar und die Brotstücke knusprig sind. Die restlichen Zutaten hinzufügen. Gut vermischen, salzen und pfeffern.

## GARNELEN UND AUBERGINE MIT HARISSA

FÜR 2 PERSONEN

2 TL Harissa
2 EL Olivenöl
1 mittelgroße Aubergine, in 1 cm dicke Scheiben geschnitten, große evtl. halbiert
12 mittelgroße Garnelen, geschält, ohne Darm
2 Frühlingszwiebeln, in Scheiben geschnitten

Den Backofen auf 200 Grad vorheizen. Harissa mit Olivenöl verrühren. Die Auberginenscheiben mit zwei Dritteln der Harissamischung einreiben und auf ein Backblech legen. Im Backofen 20 Minuten garen.
Die Garnelen mit den Frühlingszwiebeln und der restlichen Harissasauce vermischen. Die Auberginenscheiben wenden und auf eine Seite des Blechs schieben, um Platz für die Garnelen zu machen. Die Garnelen in einer Schicht auf das Blech geben und 5 Minuten braten, bis sie gar und die Auberginen weich sind.

# GEGRILLTE JAKOBSMUSCHELN MIT SOMMERGEMÜSE

FÜR 2 PERSONEN

300 g Datteltomaten, halbiert
2 kleine gelbe Zucchini, in 5 mm dicke Scheiben geschnitten
4 Frühlingszwiebeln, in Ringe geschnitten
2 EL Olivenöl
450 g Jakobsmuscheln oder Scallops
Meersalz, Pfeffer aus der Mühle
1 Handvoll Basilikumblätter, zerkleinert

Den Backofengrill vorheizen. Tomaten, Zucchini und Frühlingszwiebeln mit 1 Esslöffel Olivenöl vermischen. Das Gemüse auf ein Backblech geben und ein Drittel des Blechs für die Jakobsmuscheln frei lassen. Diese ebenfalls auf das Blech geben, mit 1 Esslöffel Olivenöl beträufeln, salzen und pfeffern. Etwa 12 cm unter dem Backofengrill einschieben und 10 Minuten grillen, bis die Jakobsmuscheln gar sind und das Gemüse weich ist. Mit Basilikumblättern bestreuen.

## VENUSMUSCHELN MIT KIRSCHTOMATEN

FÜR 2 PERSONEN

500 g Kirsch- oder Strauchtomaten
2 Knoblauchzehen, in dünne Scheiben geschnitten
100 ml trockener Wermut oder trockener Weißwein
3 EL Olivenöl
Meersalz, Pfeffer aus der Mühle
700 g Venusmuscheln, geputzt, gewaschen
1 Handvoll Basilikumblätter

Den Backofen auf 175 Grad vorheizen. Tomaten, Knoblauch, Wermut oder Weißwein und Olivenöl in eine große Auflaufform geben. Salzen und pfeffern. Im Backofen 40 Minuten garen, bis die Tomaten schrumpelig werden und aufplatzen. Die Venusmuscheln hinzufügen, daruntermischen und die Form mit Alufolie dicht verschließen. 5–8 Minuten im Backofen weiter erhitzen, bis sich die Venusmuscheln geöffnet haben. Mit Basilikum bestreuen.

# MUSCHELN IN SAHNESAUCE

Für 2–4 Personen

**1 Lauchstange, längs halbiert, gewaschen, weißer und hellgrüner Teil in 5 mm breite Streifen geschnitten**
**2 Knoblauchzehen, in Scheiben geschnitten**
**120 ml Weißwein**
**120 ml Vollrahm (Schlagsahne)**
**900 g Miesmuscheln, geputzt, gewaschen**

Den Backofen auf 175 Grad vorheizen. Alle Zutaten, außer den Muscheln, in eine große Auflaufform geben. Mit Alufolie abgedeckt im Backofen 15 Minuten erhitzen. Die Muscheln hinzufügen und alles gut vermischen. Mit Alufolie ganz dicht verschließen und 8–10 Minuten garen, bis sich alle Muscheln geöffnet haben. Muscheln, die sich nicht geöffnet haben, wegwerfen.

# THUNFISCH MIT SHIITAKEPILZEN

FÜR 2 PERSONEN

225 g Shiitakepilze, geputzt, große halbiert
6 Frühlingszwiebeln, geputzt
2 EL salzarme Sojasauce oder Tamari
2 TL geröstetes Sesamöl
1 Scheibe Thunfisch, 3½ cm dick (ca. 375 g)

Den Backofen auf 200 Grad vorheizen. Die Shiitakepilze und die Frühlingszwiebeln mit der Sojasauce und 1 Teelöffel Sesamöl vermischen. In einer Schicht auf ein Backblech legen und im Backofen 5 Minuten braten. Das Blech herausnehmen und den Backofengrill einschalten. Den Thunfisch mit dem restlichen Sesamöl beträufeln und auf das Backblech legen. 1–2 Minuten grillen, bis die Frühlingszwiebeln kräftig gebräunt sind und der Thunfisch außen goldbraun und innen noch rosa ist. Den Thunfisch in Scheiben schneiden und heiß zusammen mit den Shiitakepilzen und den Frühlingszwiebeln servieren. Nach Belieben noch zusätzlich mit etwas Sojasauce würzen.

# SEETEUFEL IN PARMASCHINKEN

FÜR 2 PERSONEN

**1 großes Seeteufelfilet (ca. 400 g)**
**einige Zweige Thymian, Blätter abgezupft**
**50 g Parmaschinken, in dünne Scheiben geschnitten**
**150 g grüne Bohnen, geputzt**
**2 TL Olivenöl**
**Meersalz, Pfeffer aus der Mühle**

Den Backofen auf 200 Grad vorheizen. Das Seeteufelfilet trocken tupfen und mit Thymian bestreuen. Vollständig mit dem Rohschinken umwickeln. Das Fischfilet auf eine Seite eines Backblechs legen. Die grünen Bohnen mit Olivenöl vermischen und auf die andere Seite des Backblechs geben. Salzen und pfeffern. Im Backofen 12–15 Minuten braten, bis der Fisch gar und der Schinken knusprig ist.

# LACHS MIT HARISSA

FÜR 2 PERSONEN

**350 g kleine Kartoffeln, in 5 mm dicke Scheiben geschnitten**
**4 EL Olivenöl**
**Meersalz, Pfeffer aus der Mühle**
**150 g grüne Bohnen, geputzt**
**2 Scheiben Lachsfilet (ca. 400 g, aus dem mittleren Teil des Filets)**
**2 TL Harissa**
**85 g grüne Oliven, entsteint, in Stücke geschnitten**

Den Backofen auf 200 Grad vorheizen. Die Kartoffeln mit 2 Esslöffel Olivenöl vermischen, salzen und pfeffern. Die Kartoffeln auf ein Backblech verteilen und im Backofen 15 Minuten backen. Die Kartoffeln wenden und auf eine Seite des Blechs schieben. Die Bohnen mit dem restlichen Olivenöl vermischen und auf die freie Seite des Blechs geben. Dabei Platz für den Lachs lassen. Die Lachssteaks mit Harissa einreiben und neben die Bohnen legen. Je nach gewünschter Garstufe 12–15 Minuten im Ofen braten. Mit Oliven bestreut servieren.

# GEBRATENER LACHS MIT KARTOFFELN

FÜR 2 PERSONEN

350 g kleine Kartoffeln, längs halbiert
2 EL Olivenöl
2 Scheiben Lachsfilet (ca. 400 g, aus dem mittleren Teil des Filets)
Meersalz, Pfeffer aus der Mühle
zum Servieren Chimichurri-Sauce, Senfsauce
Kapern-Zitronen-Sauce oder Aïoli (Seite 10/11)

Den Backofen auf 200 Grad vorheizen. Die Kartoffeln mit dem Olivenöl vermischen, salzen und pfeffern. Die Kartoffeln auf ein Backblech geben und im Ofen 20 Minuten braten. Die Kartoffeln wenden und auf eine Seite des Blechs schieben, um Platz für die Lachsfilets zu machen. Den Lachs aufs Blech geben und je nach Dicke der Stücke 10–15 Minuten garen. Den Lachs mit den Kartoffeln und einer der Sauce servieren.

# GESCHMORTER KABELJAU MIT TOMATEN UND OLIVEN

FÜR 2 PERSONEN

700 g Tomaten, in große Stücke geschnitten
200 g kleine Kartoffeln, in Scheiben geschnitten
50 g Kalamata-Oliven, entsteint, grob gehackt
2 Knoblauchzehen, gehackt
2 Zweige Oregano, Blätter abgezupft
2 EL Olivenöl
Meersalz, Pfeffer aus der Mühle
450 g Kabeljaufilet, in mundgerechte Stücke geschnitten
einige Zweige Petersilie, gehackt

Den Backofen auf 175 Grad vorheizen. Tomaten, Kartoffeln, Oliven, Knoblauch und Oregano in eine große Auflaufform geben. Mit Olivenöl beträufeln, salzen und pfeffern und alles gut vermischen. Mit Alufolie nicht allzu fest verschließen und 1 Stunde im Backofen schmoren lassen. Dann den Kabeljau und die Petersilie hinzufügen. Mit Alufolie bedecken und weitere 10 Minuten schmoren, bis die Kartoffeln weich sind und der Fisch gar ist. Vor dem Servieren nochmals abschmecken.

# FISH AND CHIPS AUS DEM BACKOFEN

FÜR 2 PERSONEN

**300 g kleine Kartoffeln, in sehr dünne Scheiben geschnitten**
**1 Zweig Rosmarin, sehr fein gehackt**
**3 EL Olivenöl**
**Meersalz, Pfeffer aus der Mühle**
**60 g Mehl**
**60 g Paniermehl**
**1 Ei**
**450 g Kabeljaufilet, in 2½ cm dicke Stücke geschnitten**
**etwas Olivenöl zum Beträufeln**
**Zitronenschnitze zum Servieren**

Den Backofen auf 200 Grad vorheizen. Die Kartoffelscheiben mit Rosmarin und Olivenöl vermischen, salzen und pfeffern. Die Kartoffeln auf einem Backblech verteilen und im Ofen 20 Minuten braten.

In der Zwischenzeit das Mehl und das Paniermehl jeweils auf einen Teller geben; das Paniermehl salzen. Das Ei mit 1 Esslöffel Wasser in einem weiteren Teller leicht verquirlen. Die Fischstücke zuerst im Mehl, dann im verquirlten Ei und anschließend im Paniermehl wenden. Die Kartoffeln auf dem Blech wenden und zur Seite schieben. Die panierten Fischstücke auf das Blech legen und leicht mit Olivenöl beträufeln. Im Backofen 12–15 Minuten braten, bis der Fisch gar ist und die Kartoffeln knusprig und goldbraun sind. Mit Zitronenschnitzen servieren.

# SEEZUNGE ASIATISCH

FÜR 2 PERSONEN

2 Seezungenfilets oder 4, wenn sie sehr klein sind
einige Handvoll Spinat oder Jungspinat
200 g Enokipilze, geputzt
1 EL salzarme Sojasauce oder Tamari
1 TL geröstetes Sesamöl
1 TL geröstete Sesamsamen

Den Backofen auf 175 Grad vorheizen. Die Seezungenfilets nebeneinander auf eine Seite des Backblechs legen. Den Spinat auf die andere Seite des Blechs legen, die Pilze auf den Spinat geben. Sojasauce, Sesamöl und Sesamsamen miteinander vermischen und über Fisch und Gemüse verteilen. Mit Alufolie dicht verschließen und im Backofen 10–12 Minuten garen, bis der Fisch gar ist und die Spinatblätter zusammengefallen sind.

# GANZE FORELLE AUS DEM OFEN

FÜR 2 PERSONEN

2 ganze Forellen, ausgenommen (ca. 900 g insgesamt)
2 kleine unbehandelte Zitronen, in dünne Scheiben geschnitten
einige Zweige Thymian
2 EL Olivenöl
Meersalz, Pfeffer aus der Mühle
zum Servieren Chimichurri- oder Kapern-Zitronen-Sauce
(Seite 10/11)

Den Backofen auf 220 Grad vorheizen. Die Zitronenscheiben und die Thymianzweige in den Bauch der Forellen legen. Die Forellen mit Küchenfaden im Abstand von 5 Zentimetern binden. Die Forellen mit Olivenöl einreiben, salzen und pfeffern und auf ein Backblech legen. Im Backofen 15–20 Minuten garen. Mit Chimichurri- oder Kapern-Zitronen-Sauce servieren.

# GEMÜSE

# GEFÜLLTER EICHELKÜRBIS

FÜR 2 PERSONEN

1 Eichelkürbis, quer halbiert, entkernt
110 g altbackenes Brot, in Würfel geschnitten
2 große Schalotten, fein gehackt
3 EL Butter, geschmolzen
40 g getrocknete Cranberrys
1 Zweig Rosmarin, fein gehackt
125 ml Hühnerbrühe
Meersalz, Pfeffer aus der Mühle
2 EL Olivenöl extra vergine

Den Backofen auf 175 Grad vorheizen. Die Brotwürfel mit Schalotten, Butter, Cranberrys, Rosmarin und Hühnerbrühe vermischen, salzen und pfeffern. Die Brotmischung in die Kürbishälften füllen. Diese auf ein Backblech setzen und mit Olivenöl beträufeln. Mit Alufolie bedecken und im Backofen 1½ Stunden garen. Dann die Alufolie entfernen und die Kürbisse weitere 20 Minuten backen, bis das Kürbisfleisch weich und die Füllung goldbraun und knusprig ist.

## GEFÜLLTE CHAMPIGNONS

FÜR 4 PERSONEN

4 Riesen-Champignons, geputzt, Stiel entfernt
4 EL Olivenöl
Meersalz, Pfeffer aus der Mühle
250 g Gerste, gekocht (125 g ungekocht)
75 g Fetakäse, zerkrümelt
35 g Walnüsse, geröstet, gehackt
2 EL gehackte Petersilie
2 EL gehackte Minze
80 g Granatapfelkerne

Den Backofen auf 175 Grad vorheizen. Die Pilze mit der Oberseite nach unten auf ein Backblech legen, mit 2 Esslöffeln Olivenöl beträufeln, salzen und pfeffern. Im Backofen 15 Minuten garen. In der Zwischenzeit Gerste, Feta, Walnüsse, Petersilie und 1 Esslöffel Minze miteinander vermischen. Die Gerstenmischung in die Pilze füllen, mit den restlichen 2 Esslöffeln Olivenöl beträufeln und weitere 15 Minuten backen. Mit den Granatapfelkernen und der restlichen Minze bestreuen.

# WEISSE BOHNEN MIT PARMESAN

FÜR 4 PERSONEN

450 g getrocknete weiße Bohnen, über Nacht eingeweicht
750 ml Hühnerbrühe
100 g Parmesan, in Späne gehobelt
3 Lorbeerblätter
2 Knoblauchzehen, geschält
1 Zweig Rosmarin
2 EL Olivenöl
Pfeffer aus der Mühle, Meersalz
etwas Olivenöl zum Beträufeln

Den Backofen auf 180 Grad vorheizen. Alle Zutaten außer dem Salz in einer großen Auflaufform vermischen und pfeffern. Mit Alufolie abgedeckt 1½ Stunden im Backofen garen, bis die Bohnen weich sind und die Flüssigkeit leicht eingekocht ist. Salzen und mit etwas Olivenöl beträufelt servieren.

## BLUMENKOHL, IM GANZEN GEGART

FÜR 4 PERSONEN

1 ganzer Blumenkohl, geputzt, ohne Blätter, Strunk entfernt
230 ml trockener Weißwein
1 Zitrone, 5 Schalenstreifen und Saft
einige Zweige Thymian
2 EL Olivenöl
130 g grüne Oliven
75 g Haselnüsse, geröstet

Den Backofen auf 180 Grad vorheizen. Den Blumenkohl in eine große Auflaufform geben. Weißwein, Zitronenschale, Zitronensaft und Thymianzweige hinzufügen. Den Blumenkohl mit Olivenöl beträufeln. Mit Alufolie abgedeckt im Backofen 1¾ Stunden garen, bis der Blumenkohl knapp gar ist. Die Alufolie entfernen und den Blumenkohl weitere 25 Minuten goldbraun backen. In der Zwischenzeit die Oliven und die Haselnüsse hacken und vermischen. Den Blumenkohl ohne die Kochflüssigkeit auf eine Servierplatte geben und mit den Oliven und Haselnüssen servieren.

# GEGRILLTER HALLOUMI-KÄSE

FÜR 2–4 PERSONEN

**1,3 kg Mangold, gewaschen, getrocknet, grob gehackt**
**3 Strauchtomaten (ca. 450 g), in 5 mm dicke Scheiben geschnitten**
**3 Frühlingszwiebeln, in Ringe geschnitten**
**1 Knoblauchzehe, in Scheiben geschnitten**
**230 g Halloumi-Käse, in 5 mm dicke Scheiben geschnitten**
**3–4 EL Olivenöl**
**Meersalz, Pfeffer aus der Mühle**

Den Backofen auf 200 Grad vorheizen. Mangold, Tomaten, Frühlingszwiebeln und Knoblauch auf einem Backblech mit 1 Esslöffel Olivenöl vermischen. Das Gemüse in einer Schicht gleichmäßig auf dem Blech verteilen. Mit dem Käse belegen und mit dem restlichen Olivenöl beträufeln. Salzen und pfeffern. Im Backofen 15 Minuten garen, bis das Gemüse weich und saftig ist. Herausnehmen und den Grill einschalten. 1–2 Minuten grillen, bis der Käse goldbraun ist.

# CHICORÉE MIT BLAUSCHIMMELKÄSE

FÜR 6 PERSONEN

4 Chiocoréestangen, längs halbiert
1 EL Olivenöl
Meersalz, Pfeffer aus der Mühle
80 g Blauschimmelkäse (z. B. Roquefort), zerkrümelt
40 g Walnüsse, gehackt

Den Backofen auf 200 Grad vorheizen. Die Chicoréehälften mit der Schnittfläche nach oben auf ein Backblech legen. Mit Olivenöl beträufeln, salzen und pfeffern. Im Backofen 20 Minuten garen. Dann Käse und Nüsse darauf verteilen. Weitere 5–10 Minuten backen, bis der Chicorée weich und der Käse geschmolzen ist.

# GEBRATENER RADICCHIO MIT BALSAMICO UND PARMESAN

FÜR 2 PERSONEN

1 Radicchio, geviertelt, Strunk entfernt
1 EL Olivenöl
Meersalz, Pfeffer aus der Mühle
2 EL auf die Hälfte eingekochter Balsamicoessig
1 EL Parmesan, gerieben

Den Backofen auf 200 Grad vorheizen. Die Radicchioviertel auf ein Backblech legen, mit Olivenöl beträufeln, salzen und pfeffern. Im Backofen 10 Minuten braten, bis der Radicchio gar ist und die Blätter angebräunt sind. Für mehr Knusprigkeit eventuell kurz den Grill einschalten. Mit dem einreduzierten Balsamicoessig beträufeln und mit Parmesan bestreuen.

# GESCHMORTE WEISSE BOHNEN

FÜR 4 PERSONEN

1,2 kg weiße Bohnen aus der Dose, kalt abgespült, abgetropft
800 g gehackte Tomaten aus der Dose
3 Knoblauchzehen, in Scheiben geschnitten
4 EL Olivenöl
½ TL Chiliflocken
100 g Feta, zerbröselt
1 Zucchini, fein geschnitten
Meersalz, Pfeffer aus der Mühle
1 Handvoll Minze, gehackt

Den Backofen auf 175 Grad vorheizen. Bohnen, Tomaten, Knoblauch, Olivenöl und Chiliflocken in einer großen Auflaufform vermischen. Mit Alufolie abgedeckt im Backofen 1 Stunde garen. Feta und Zucchini hinzufügen, wieder abgedeckt weitere 30 Minuten garen. Salzen und pfeffern. Mit Minze bestreut servieren.

# ZUCCHINI, MIT QUINOA GEFÜLLT

FÜR 4 PERSONEN

2 Zucchini (ca. 450 g), längs halbiert
200 g Quinoa, gekocht (60 g ungekocht)
150 ml italienische Tomatensauce
120 g Mozzarella, gerieben
2–3 EL Pinienkerne, geröstet
1 Handvoll Basilikumblättchen

Den Backofen auf 175 Grad vorheizen. Mit einem kleinen Löffel die Zucchinikerne auskratzen und das Fruchtfleisch etwas aushöhlen, um Platz für die Füllung zu schaffen. Quinoa mit der Hälfte der Tomatensauce, der Hälfte des Mozzarellas und den Pinienkernen vermischen. In die Zucchinihälften füllen. Die restliche Sauce und den restlichen Mozarella auf die Füllung geben. Im Backofen etwa 40 Minuten backen, bis die Zucchini gar sind und der Käse geschmolzen und goldbraun ist. Vor dem Servieren mit Basilikumblättchen bestreuen.

## SHAKSHUKA

FÜR 4–6 PERSONEN

650 g Tomaten, in Stücke geschnitten
1 rote Paprika, in Stücke geschnitten
1 gelbe Paprika, in Stücke geschnitten
2 Knoblauchzehen, in Scheiben geschnitten
½ TL scharfes Paprikapulver
3–4 EL Olivenöl
1 Handvoll Petersilie, gehackt
Meersalz, Pfeffer aus der Mühle
6 Eier

Den Backofen auf 175 Grad vorheizen. Tomaten, rote und gelbe Paprika, Knoblauch, Paprikapulver und Olivenöl in einer großen Auflaufform vermischen. Die Hälfte der Petersilie hinzufügen, salzen und pfeffern. Im Backofen 1 Stunde garen. Dann 6 Mulden in die Gemüsemischung drücken. Die Eier in diese Mulden setzen und im Backofen weitere 12–15 Minuten garen, bis sie gestockt sind. Vor dem Servieren mit der restlichen Petersilie bestreuen.

# ROSENKOHL MIT BALSAMICOESSIG

FÜR 2–4 PERSONEN

800 g Rosenkohl, geputzt, halbiert
100 g Speckwürfel
2 EL Olivenöl
Meersalz, Pfeffer aus der Mühle
3 EL auf die Hälfte eingekochter Balsamicoessig

Den Backofen auf 200 Grad vorheizen. Rosenkohl, Speckwürfel und Olivenöl auf einem Backblech vermischen. Salzen und pfeffern. Alles in einer Schicht auf dem Blech verteilen. Im Backofen 20 Minuten garen, dann umrühren und weitere 10 Minuten garen, bis der Rosenkohl weich und leicht gebräunt ist. Den reduzierten Balsamicoessig hinzufügen und unterrühren.

# GEMÜSE VOM BLECH

FÜR 2–4 PERSONEN

350 g Topinambur, in 5 mm dicke Scheiben geschnitten
1 große Fenchelknolle, geviertelt, Strunk entfernt, in 2½ cm dicke Stücke geschnitten
3 Chicoréestangen, längs halbiert
2 Lauchstangen, längs halbiert, weißer und hellgrüner Teil in 8 cm lange Stücke geschnitten
2 EL Olivenöl
Meersalz, Pfeffer aus der Mühle
zum Servieren Aïoli oder Kapern-Zitronen-Sauce (Seite 10/11)

Den Backofen auf 220 Grad vorheizen. Das Gemüse auf einem Backblech mit dem Olivenöl vermischen. Salzen und pfeffern. Alles in einer Schicht auf dem Backblech auslegen. Im Backofen 30–40 Minuten garen, bis das Gemüse goldgelb und weich ist. Nach der Hälfte der Garzeit umrühren. Mit Aïoli oder mit Kapern-Zitronen-Sauce servieren.

# MINI-AUBERGINEN MIT BURRATA

FÜR 4 PERSONEN

**4 Mini-Auberginen**
**100 ml Olivenöl**
**Meersalz, Pfeffer aus der Mühle**
**1 Zweig Oregano, Blätter abgezupft**
**1 kleine Kugel Burrata (ca. 250 g)**
**kleine Basilikumblättchen oder große gehackt**

Den Backofen auf 200 Grad vorheizen. Die Auberginen bis etwa 2 cm vor dem Stielansatz längs halbieren, sodass die beiden Hälften noch zusammenhalten. Die Auberginen auf ein Backblech legen, Fruchtfleisch und Haut mit Olivenöl beträufeln, salzen und pfeffern. Den Oregano auf die Schnittflächen streuen. Im Backofen 40 Minuten garen, bis die Auberginen weich und leicht goldbraun sind. Nach der Hälfte der Zeit wenden. Ein Stück Burrata und ein paar Basilikumblätter auf jede Aubergine geben. Sofort servieren.

# BLUMENKOHL MIT LINSEN

FÜR 4 PERSONEN

**1 Blumenkohl, Strunk entfernt, in kleine Röschen zerteilt**
**1 Zwiebel, in dünne Ringe geschnitten**
**2 EL Olivenöl**
**1 TL gemahlener Kreuzkümmel**
**Meersalz, Pfeffer aus der Mühle**
**260 g grüne Puy-Linsen, gekocht (100 g getrocknete Linsen)**
**2 EL Rosinen, in heißem Wasser eingeweicht, abgetropft**
**2 EL Pinienkerne, geröstet**

Den Backofen auf 200 Grad vorheizen. Blumenkohl, Zwiebel, Olivenöl und Kreuzkümmel auf einem Backblech vermischen. In einer Schicht auf dem Blech verteilen. Salzen und pfeffern. Im Backofen 25 Minuten garen, bis der Blumenkohl und die Zwiebeln weich sind und goldbraun werden. Linsen, Rosinen und Pinienkerne hinzufügen und umrühren. Weitere 10 Minuten backen, bis das Gemüse goldbraun ist. Eventuell nochmals mit Salz und Pfeffer abschmecken. Heiß oder bei Raumtemperatur servieren.

# ROTES GEMÜSECURRY

FÜR 4 PERSONEN

**1 Dose (400 ml) Kokosmilch**
**2 gehäufte EL rote Currypaste**
**1 Zwiebel, fein geschnitten**
**4 Karotten, geschält, schräg in 5 mm dicke Scheiben geschnitten**
**300 g Brokkoli, in Röschen zerteilt**
**1 rote Paprika, in Stücke geschnitten**
**Meersalz, Pfeffer aus der Mühle**
**80 g Cashewkerne, geröstet**

Den Backofen auf 175 Grad vorheizen. Kokosmilch, Currypaste, Zwiebel und Karotten in einer großen Auflaufform vermischen. Mit Alufolie abdecken und im Backofen 20 Minuten garen. Brokkoli und Paprikastücke hinzufügen, vermischen und wiederum mit Alufolie abgedeckt weitere 25–30 Minuten garen, bis das Gemüse weich ist. Salzen und pfeffern. Mit Cashewkernen bestreut servieren.

# DESSERTS

# LANGSAM GEBACKENE ÄPFEL

FÜR 4 PERSONEN

**10 Äpfel (z. B. Fuji, Gala)**
**Saft von 1 Zitrone**
**70 g Zucker**
**4 EL Butter, geschmolzen**

Den Backofen auf 175 Grad vorheizen. Die Äpfel schälen und das Kerngehäuse entfernen. Die Äpfel in 2–3 mm dicke Spalten schneiden. In einer großen Auflaufform mit Zitronensaft, Zucker und der geschmolzenen Butter vermischen. Die Apfelscheiben gleichmäßig in der Form verteilen und gut andrücken. Mit einem Stück Backpapier bedecken und in jede Ecke einen 3–4 cm langen Schlitz schneiden. Mit Alufolie abdecken und mit einer zweiten Auflaufform beschweren, damit die Äpfel durch ein Gewicht beschwert sind. Im Backofen 5 Stunden garen, bis die Äpfel goldbraun und karamellisiert sind. Heiß servieren.

# BRATÄPFEL MIT CRUMBLE

FÜR 2 PERSONEN

2 Äpfel (z. B. Fuji, Gala)
50 g Haferflocken
40 g brauner Zucker
40 g Walnüsse, fein gehackt
3 EL Butter, geschmolzen
½ TL gemahlener Zimt

Den Backofen auf 175 Grad vorheizen. Die Äpfel quer in drei Scheiben schneiden. Mit einem Pariserlöffel das Kerngehäuse entfernen. Die restlichen Zutaten in einer Schüssel miteinander vermischen. Die Äpfel auf ein Backblech setzen zwischen die Apfelringe die Crumblemischung geben und leicht andrücken. Die Apfelringe mit Zahnstochern fixieren. Die restliche Crumblemischung oben auf die Äpfel verteilen. Im Backofen 40–50 Minuten backen, bis die Äpfel weich sind und die Füllung goldbraun ist. Kurz abkühlen lassen. Vor dem Servieren die Zahnstocher vorsichtig entfernen.

# BIRNEN MIT NUSSFÜLLUNG

FÜR 4 PERSONEN

2 Birnen, vorzugsweise rotschalige Sorte
50 g Pekannüsse, fein gehackt
2 EL Butter
2 EL Ahornsirup
¼ TL gemahlener Zimt
⅛ TL gemahlene Nelken
1 Prise Salz

Den Backofen auf 175 Grad vorheizen. Die Birnen der Länge nach halbieren. Mit einem Teelöffel oder Pariserlöffel das Kerngehäuse entfernen und das Fruchtfleisch etwas aushöhlen, damit eine Mulde entsteht. Die Birnen auf ein Backblech legen. Die restlichen Zutaten in einer Schüssel miteinander vermischen. Die Birnenhälften damit füllen. Im Backofen etwa 30 Minuten backen, bis die Birnen weich sind und die Füllung goldbraun ist. Heiß servieren.

# GEBRATENE ANANAS

FÜR 4 PERSONEN

1 Ananas, geschält, holziger Strunk entfernt, in 5 mm dicke Scheiben geschnitten
ausgekratztes Mark von 1 Vanilleschote
50 g Zucker
2 Zimtstangen, zerbrochen
2 Sternanis
2 EL Butter, in ganz kleinen Flocken

Den Backofen auf 160 Grad vorheizen. Alle Zutaten, ohne die Butter, auf einem Backblech miteinander vermischen und in einer Schicht auf dem Blech verteilen. Die Butterflocken auf die Ananas verteilen. Im Backofen 45 Minuten braten. Die Ananasscheiben wenden und weitere 45 Minuten braten, bis sie weich und leicht gebräunt sind.

# APRIKOSEN MIT VANILLE UND HIMBEEREN

FÜR 4 PERSONEN

625 g Aprikosen, halbiert
3 EL Butter, geschmolzen
3 EL brauner Zucker
1 Vanilleschote, aufgeschlitzt
Saft von ½ Zitrone
170 g Himbeeren

Den Backofen auf 175 Grad vorheizen. Alle Zutaten, ohne die Himbeeren, in einer großen Auflaufform vermischen. Im Backofen etwa 40 Minuten braten, bis die Aprikosen weich und saftig sind. Die Himbeeren hinzufügen und weitere 5 Minuten erhitzen. Heiß oder bei Raumtemperatur servieren.

# KIRSCHEN-CLAFOUTIS

FÜR 6 PERSONEN

8 große Eier, leicht verquirlt
250 ml Vollmilch
150 ml Vollrahm (Schlagsahne)
100 g Zucker
50 g Mehl
4 EL Butter, geschmolzen
1 Prise Salz
etwas Butter für die Form
250 g Kirschen, entsteint

Den Backofen auf 190 Grad vorheizen. Alle Zutaten, ohne die Kirschen, zu einem glatten Teig verrühren. In eine gebutterte große Auflaufform füllen. Die Kirschen gleichmäßig auf dem Teig verteilen. Im Backofen 35–40 Minuten backen, bis der Clafoutis gar und leicht gebräunt ist. Heiß, bei Raumtemperatur, oder kalt servieren.

## PFIRSICHKUCHEN

FÜR 6–8 PERSONEN

1 rechteckig ausgerollter Blätterteig
225 ml Rahm (Schlagsahne)
50 g Zucker
2 Eier
½ TL Vanilleextrakt
600 g Pfirsiche (oder Aprikosen), in 1 cm dicke Scheiben geschnitten
Bohnen zum Blindbacken

Den Backofen auf 200 Grad vorheizen. Den Blätterteig in einem 25 x 30 cm großen Rechteck auf ein Backblech legen. Die Ränder einschlagen, damit ein 2–3 cm hoher Rand entsteht. Den Teig mit einer Gabel einstechen, mit Backpapier bedecken und mit getrockneten Bohnen beschweren (den Teigrand aber frei lassen). Im Backofen 15 Minuten blindbacken, bis der Teig leicht gebräunt ist. Bohnen und Backpapier entfernen und den Teigboden weitere 5 Minuten backen. Die Backofentemperatur auf 175 Grad reduzieren. Den Teigboden kurz abkühlen lassen. Rahm, Zucker, Eier und Vanillextrakt verrühren. Auf den Blätterteigboden geben und die Pfirsiche gleichmäßig darauf verteilen. Etwa 40 Minuten backen, bis die Creme gestockt ist und die Pfirsiche weich sind. Heiß oder bei Raumtemperatur servieren.

# SNACKS
# &
# VORSPEISEN

# WÜRZIGE PEKANNÜSSE MIT AHORNSIRUP

FÜR 4–6 PERSONEN

**200 g Pekannüsse, geschält**
**25 g brauner Zucker**
**60 ml Ahornsirup**
**¼ TL Quatre-épices (Pfeffer, Ingwer, Muskat, Nelken)**
**¼ TL Cayennepfeffer**
**¼ TL Zimtpulver**

Den Backofen auf 175 Grad vorheizen. Alle Zutaten auf einem Backblech vermischen und gleichmäßig verteilen. Im Backofen 16 Minuten rösten, bis die Pekannüsse knusprig sind und der Zucker karamellisiert ist. Nach der Hälfte der Zeit umrühren. 2–3 Minuten abkühlen lassen, dann wieder umrühren, um zu verhindern, dass die Pekannüsse zusammenkleben. Abkühlen lassen.

# ARTISCHOCKENHERZEN MIT PARMESAN UND ZITRONE

FÜR 6 PERSONEN

6 große in Olivenöl eingelegte Artischockenherzen, mit Stiel
2 TL Olivenöl
einige Thymianzweige, Blätter abgezupft
½ Zitrone, Saft und abgeriebene Schale
2½ EL geriebener Parmesan

Den Backofengrill vorheizen. Die Artischocken der Länge nach halbieren und mit der Schnittfläche nach oben auf ein Backblech legen. Mit Olivenöl beträufeln. Mit Thymian und Zitronenschale bestreuen. Etwa 12 cm unter dem Backofengrill einschieben und 2–3 Minuten grillen, bis sie leicht angebräunt sind. Mit Zitronensaft beträufeln und mit Parmesan bestreuen. Heiß servieren.

## AUBERGINENKAVIAR

FÜR 6–8 PERSONEN

**2 mittelgroße bis große Auberginen**
**2 EL Olivenöl**
**60 g Sesampaste (Tahini)**
**2 Knoblauchzehen, gehackt**
**1½ EL frischer Zitronensaft**
**1 kleine Handvoll Petersilienblätter**
**Meersalz**

Den Backofengrill vorheizen. Die Auberginen auf ein Backblech legen und mit Olivenöl einreiben. Etwa 12 cm unter dem Backofengrill einschieben und von jeder Seite 2–4 Minuten grillen, bis sie ziemlich schwarz sind. Den Backofen auf 200 Grad (ohne Grillfunktion) einstellen und die Auberginen weitere 10 Minuten backen, bis sie weich sind. Die Auberginen halbieren und bei Raumtemperatur abkühlen lassen. Das Fruchtfleisch herauslösen und zusammen mit den weiteren Zutaten im Blitzhacker oder Mixer pürieren. Mit Salz abschmecken.

# LEBERPASTETE

FÜR 4 PERSONEN

400 g Geflügelleber, gewaschen, trocken getupft
1 kleine milde Zwiebel, sehr fein geschnitten
50 g Entenfett, geschmolzen (ersatzweise Butter oder Olivenöl)
2 Eier, hartgekocht, sehr klein gehackt
3 EL Rosinen, in heißem Wasser eingeweicht, abgetropft
Meersalz

Den Backofengrill vorheizen. Die Geflügellebern auf eine Seite eines Backblechs legen, auf der anderen Seite des Blech die Zwiebel mit dem Fett vermischen. Etwa 12 cm unter dem Grill in den Ofen schieben und 5–7 Minuten grillen, bis die Leber gar und die Zwiebel weich und leicht angebräunt ist. Kurz abkühlen lassen. Die Geflügellebern (ohne Blutspuren), Zwiebel und Fett auf ein Schneidebrett geben und alles fein hacken. Eier, Rosinen und das restliche Fett unterrühren. Salzen.

# BRUSCHETTA MIT LANGSAM GERÖSTETEN TOMATEN

FÜR 6–8 PERSONEN

**550 g Kirsch- oder Strauchtomaten**
**2 EL Olivenöl**
**Meersalz, Pfeffer aus der Mühle**
**geröstete Baguettescheiben zum Servieren**
**frischer Ricotta zum Servieren**

Den Backofen auf 160 Grad vorheizen. Die Tomaten auf ein Backblech legen und mit Olivenöl beträufeln. Salzen und pfeffern. Im Backofen 1¼ Stunden schmoren, bis die Tomaten ganz weich sind und aufplatzen. Baguettescheiben mit Ricotta bestreichen und mit den warmen Tomaten belegen.

## PASTINAKENSUPPE

FÜR 2 PERSONEN

400 g Pastinaken, geputzt, geschält, grob geschnitten
1 EL Olivenöl
2 Schalotten, geviertelt
Meersalz, Pfeffer aus der Mühle
350 ml Hühnerbrühe, heiß
150 ml Milch, heiß
nach Belieben 2 EL Rahm (Sahne), heiß
gehackte gemischte Kräuter (z. B. Kerbel, Schnittlauch oder Estragon) zum Servieren

Den Backofen auf 200 Grad vorheizen. Pastinaken, Olivenöl und Schalotten auf einem Backblech vermischen, salzen und pfeffern. In einer Schicht auf dem Blech verteilen und im Backofen 25–30 Minuten garen, bis das Gemüse leicht gebräunt ist. Nach der Hälfte der Zeit wenden. Das Gemüse zusammen mit der Hühnerbrühe und der Milch in den Mixer geben und mixen. Rahm, falls verwendet, hinzufügen. Falls die Suppe zu dickflüssig ist, mit etwas Milch oder Rahm verdünnen. Mit Salz und Pfeffer abschmecken. Mit Kräutern bestreut servieren.

# NACHOS

FÜR 6 PERSONEN

1 Paket Maischips (ca. 450 g)
150 g schwarze Bohnen aus der Dose, abgespült, abgetropft
150 g Maiskörner (von 2 gegrillten Maiskolben), leicht angeröstet
250 g fertig gekaufte oder selbst gemachte mexikanische Salsa aus gehackten Tomaten, roten Zwiebeln und Jalapeños
3 Avocados, geschält, in Würfel geschnitten
150 g Emmentaler, Cheddar oder anderer Käse, gerieben
6 Radieschen, fein geschnitten

Den Backofengrill vorheizen. Die Chips auf einem Backblech verteilen. Bohnen, Maiskörner, Salsa, Avocadowürfel und Käse hinzufügen. Etwa 12 cm unter dem Backofengrill einschieben und grillen, bis der Käse geschmolzen und an manchen Stellen goldbraun ist. Mit den Radieschen bestreuen und sofort servieren.

# GEGRILLTER TINTENFISCH

FÜR 4–6 PERSONEN

450 g Tintenfisch, geputzt, gewaschen, trocken getupft
200 ml Olivenöl
2 Knoblauchzehen, in dünne Scheiben geschnitten
½ TL rote Chiliflocken
4 gehäufte EL frisches Paniermehl
1 Zitrone, in Schnitze geschnitten
Meersalz

Die Tintenfische mit Olivenöl, Knoblauch und Chiliflocken in einer Schüssel mischen und bei Raumtemperatur 1 Stunde marinieren. Den Backofengrill vorheizen. Die Tintenfische abtropfen lassen und auf ein Backblech geben. Mit Paniermehl bestreuen. Etwa 12 cm unter dem Backofengrill einschieben und 2 Minuten grillen, bis die Tintenfische gar sind. Darauf achten, dass das Paniermehl nicht verbrennt. Mit Zitronenschnitzen und Meersalz servieren.

## GESCHMORTE KRAKEN

FÜR 2–4 PERSONEN

8 kleine Kraken (ca. 450 g)
200 g Kichererbsen aus der Dose, abgespült, abgetropft
125 g Tomaten, fein gehackt
3 Knoblauchzehen, fein gehackt
2 TL Dijonsenf
1 Zweig Oregano, Blätter abgezupft
½ TL Paprikapulver
50 ml Olivenöl
Meersalz, Pfeffer aus der Mühle

Den Backofen auf 160 Grad vorheizen. Alle Zutaten in einer großen Auflaufform vermischen. Mit Alufolie abgedeckt im Backofen 40 Minuten schmoren, bis die Kraken zart sind. Salzen und pfeffern.

## WÜRZIGE HÜHNERFLÜGEL

FÜR 4–6 PERSONEN

675 g Hühnerflügel
675 g Hühnerunterkeulen
1 EL Olivenöl
40 ml Sriracha-Sauce
40 ml Honig
1 EL Worcestershiresauce
Meersalz, Pfeffer aus der Mühle

Den Backofen auf 220 Grad vorheizen. Hühnerflügel und Hühnerkeulen auf einem Backblech mit dem Olivenöl vermischen. Gleichmäßig auf dem Blech auslegen. Kräftig salzen und pfeffern. Im Backofen 25–30 Minuten braten, bis das Fleisch goldbraun ist. Nach der Hälfte der Garzeit wenden. Sriracha-Sauce, Honig und Worcestershiresauce in einer kleinen Schüssel miteinander verrühren. Die Hühnerteile vom Blech nehmen, in die Sauce tauchen und gut damit überziehen. Das Blech säubern, um das Bratfett zu entfernen. Die Fleischstücke zurück aufs Blech legen und nochmals 5 Minuten backen, bis die Sauce dick und klebrig geworden ist.

# BEILAGEN

## KARTOFFELPÜREE

FÜR 4 PERSONEN

700 g mehligkochende Kartoffeln, geschält, gewürfelt
150 ml Vollmilch
3 EL Butter
1 Schuss Rahm (Sahne), nach Belieben
Meersalz, Pfeffer aus der Mühle

Die Kartoffeln in Salzwasser weich kochen. In der Zwischenzeit Milch und Butter in einem kleinen Kochtopf erhitzen. Die Kartoffeln abgießen und durch die Kartoffelpresse drücken. Mit der heißen Milch (und eventuell Rahm) übergießen und gut umrühren. Salzen und pfeffern.

# BLUMENKOHLPÜREE

FÜR 4 PERSONEN

**1 mittelgroßer Blumenkohl, geputzt, in Röschen zerteilt**
**100 ml Vollmilch**
**2 EL Butter**
**Meersalz, Pfeffer aus der Mühle**

Den Blumenkohl in einem Topf dampfgaren, bis er weich ist. Abgießen. Zusammen mit Milch und Butter im Mixer pürieren. Salzen und pfeffern.

## POLENTA

FÜR 4 PERSONEN

750 ml Wasser
150 g Maisgrieß, grob oder mittelfein
250 ml Vollmilch
60 g Parmesan, gerieben
3 EL Butter
Meersalz

Das Wasser aufkochen. Den Maisgrieß einrieseln lassen und 20 Minuten köcheln, dabei von Zeit zu Zeit umrühren. Die Milch hinzufügen, mit dem Schneebesen aufschlagen und 15–20 Minuten weiter köcheln lassen, bis der Grieß weich ist und die Polenta eindickt. Parmesan und Butter unterrühren. Salzen und sofort servieren.

# RISOTTO

FÜR 4 PERSONEN

4 EL Butter
2 Schalotten, fein gehackt
1 Knoblauchzehe, in Scheiben geschnitten
200 g Arborio- oder Carnaroli-Reis
100 ml trockener Weißwein
750 ml Hühnerbrühe, heiß
65 g Parmesan, gerieben
Meersalz, Pfeffer aus der Mühle

2 Esslöffel Butter auf mittlerer Hitze in einem Kochtopf schmelzen. Schalotten und Knoblauch darin glasig dünsten. Den Reis hinzufügen und 2–3 Minuten andünsten, dabei häufig umrühren. Den Wein zugießen und unter Rühren kochen, bis die Flüssigkeit aufgesaugt ist. 2 Schöpflöffel Hühnerbrühe hinzufügen und unter Rühren weiter kochen, bis die Flüssigkeit aufgesaugt ist. Jeweils einen weiteren Schöpflöffel Hühnerbrühe hinzufügen und unter Rühren einkochen lassen, bis der Reis zart und cremig ist, im Innern aber noch einen festen Kern hat. Die Kochzeit beträgt etwa 25 Minuten. Parmesan und 2 Esslöffel Butter unterrühren. Salzen und pfeffern.

# REIS-PILAF

FÜR 4–6 PERSONEN

3 EL Olivenöl
1 Zwiebel, fein gehackt
100 g Basmatireis
100 g Wildreis
125 g Granatapfelkerne
50 g Mandelblättchen, geröstet
1 Handvoll Petersilie, gehackt
Meersalz

In einer Bratpfanne auf mittlerer Hitze das Olivenöl erhitzen. Die Zwiebel darin 10 Minuten andünsten, dabei gelegentlich umrühren, bis die Zwiebel gar und leicht angebräunt ist. Den Reis getrennt nach Packungsanleitung zubereiten. Alle Zutaten miteinander vermischen und salzen.

# COUSCOUS

FÜR 4 PERSONEN

250 ml Hühnerbrühe
175 g Couscousgrieß
2 EL Rosinen
1 Kreuzkümmelsamen, geröstet
1 eingelegte Zitrone, Schale in Würfel geschnitten (Fruchtfleisch wegwerfen)
1 Handvoll Koriander, gehackt

Die Hühnerbrühe in einem Topf aufkochen. Couscous, Rosinen und Kreuzkümmel hinzufügen. Zudecken, von der Herdplatte nehmen und 5 Minuten quellen lassen, bis die Brühe aufgesaugt ist. Den Couscous mit einer Gabel auflockern. Zitronenschale und Koriander unterheben.

# WARMER QUINOASALAT

FÜR 4–6 PERSONEN

350 ml Wasser
200 g Quinoa (rot, weiß oder eine Mischung)
1 Zwiebel, fein gehackt
2 EL Olivenöl
50 g Pinienkerne, geröstet
1 Handvoll frische Kräuter (Kerbel, Schnittlauch, Petersilie oder eine Mischung)
Meersalz, Pfeffer aus der Mühle

Das Wasser in einem kleinen Topf aufkochen. Quinoa hinzufügen, zudecken und bei reduzierter Hitze etwa 15 Minuten leicht köcheln lassen. Inzwischen die Zwiebel im Olivenöl 15 Minuten goldbraun und glasig dünsten. Quinoa, Zwiebel, Pinienkerne und Kräuter mischen. Salzen und pfeffern. Heiß oder bei Raumtemperatur servieren.

# DINKEL MIT KRÄUTERN

FÜR 4 PERSONEN

200 g Dinkel
50 g Walnüsse, geröstet, gehackt
Saft von ½ Zitrone
1 Handvoll Petersilie, fein gehackt
1 Handvoll Estragon, fein gehackt
1 Handvoll Schnittlauch, fein gehackt
2 EL Olivenöl
Meersalz, Pfeffer aus der Mühle

Salzwasser in einem Topf aufkochen. Den Dinkel hinzufügen und etwa 30 Minuten kochen lassen. Der Dinkel muss ziemlich weich sein. Abgießen und in eine Schüssel geben. Mit den restlichen Zutaten vermischen, salzen und pfeffern.

# REZEPTVERZEICHNIS

Die Originalausgabe dieses Buches ist unter dem Titel
»Un seul plat au four« 2016 bei Hachette Livre, Marabout, Paris, erschienen.

Redaktionelle Koordination: Catie Ziller
Autorin: Molly Shuster
Fotos: Lauren Volo

Aus dem Französischen übersetzt von Barbara Buchwalter


AT Verlag, Aarau und München
Grafische Gestaltung: Minsk Studio
Satz: AT Verlag
Printed in China

ISBN 978-3-03800-973-3

www.at-verlag.ch

Der AT Verlag, AZ Fachverlage AG, wird vom Bundesamt für Kultur
mit einem Strukturbeitrag für die Jahre 2016–2020 unterstützt.